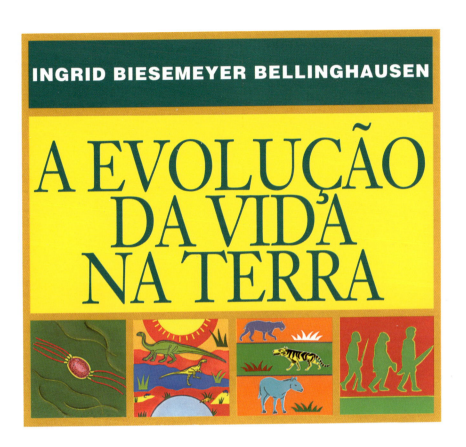

Copyright © 2008 do texto: Ingrid Biesemeyer Bellinghausen
Copyright © 2006 das ilustrações: Ingrid Biesemeyer Bellinghausen
Copyright © 2008 da edição: Editora DCL – Difusão Cultural do Livro

DIRETOR EDITORIAL:	Raul Maia Jr.
EDITORA EXECUTIVA	Otacilia de Freitas
EDITORAS RESPONSÁVEIS	Camile Mendrot
	Pétula Lemos
EDIÇÃO DE TEXTO	Valentina Nunes
PREPARAÇÃO DE TEXTO	Maíra Carnegale
REVISÃO TÉCNICA	Maíra Carnegale
REVISÃO DE PROVAS	Cíntia Shukusawa
	Gislene de Oliveira
	Janaína Mello
EDITORAÇÃO ELETRÔNICA	AMDesign
PESQUISA ICONOGRÁFICA	Mônica de Souza

Texto em conformidade com as novas regras ortográficas do Acordo da Língua Portuguesa

Dados Internacionais de Catalogação na Publicação (CIP)
(Câmara Brasileira do Livro, SP, Brasil)

Bellinghausen, Ingrid Biesemeyer
A evolução da vida na Terra / Ingrid Biesemeyer Bellinghausen ; [ilustrado pela autora]. -- 2. ed. atual. -- São Paulo : DCL, 2008.

ISBN 978-85-368-0532-0

1. Evolução - Literatura infantojuvenil 2. Literatura infantojuvenil 3. Terra - Origem - Literatura infantojuvenil I. Título.

08-09473   CDD-028.5

Índices para catálogo sistemático:
1. Terra : Literatura infantil 028.5
2. Terra : Literatura infantojuvenil 028.5

2ª edição • outubro • 2008

Editora DCL – Difusão Cultural do Livro Ltda.
Rua Manuel Pinto de Carvalho, 80 – Limão
CEP 02712-120 – São Paulo/SP
Tel.: (0xx11) 3932-5222
www.editoradcl.com.br

SUMÁRIO

ORIGEM DO UNIVERSO
- Como tudo começou *4* • A Terra: o seu endereço no Universo *6*
- Tudo a seu tempo *8* • Quando a Terra se transformou em planeta azul *10*
- O supercontinente Pangeia *12*

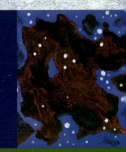

OS PRIMEIROS SERES VIVOS
- Berço da vida *14* • Os primeiros e todos os outros *16*
- Período fértil *18* • Peixes primitivos *20* • A Terra se veste de verde *22*
- As primeiras árvores *24* • Vivendo em terra firme *26*

A VIDA NA TERRA SE DIVERSIFICA
- Os répteis mais famosos da história: os dinossauros *28*
- Os répteis marinhos e os primeiros mamíferos *30*

O AFASTAMENTO DOS CONTINENTES
- Dinossauros para todos os gostos *32*
- A extinção dos dinossauros *34* • Novos oceanos *36*
- O planeta sacudido por mudanças *38*

MAMÍFEROS: OS NOVOS SENHORES DO PLANETA
- Os mamíferos dominam *40* • Como surgiram os mamíferos marinhos *42*
- Primeiros primatas *44* • O homem de Neandertal *46*

ORIGEM DO UNIVERSO

Como tudo começou

Alguma vez você já parou para pensar como surgiu o Universo ou de onde vieram os seres vivos da Terra? É por meio da Ciência, com sua maneira própria de investigar a realidade, que muitas pessoas trabalham para responder a essas e a diversas outras questões.

A explicação científica mais aceita nos dias de hoje diz que o Universo existe há mais ou menos 13,5 bilhões de anos. Tudo começou com uma gigantesca explosão, que os cientistas chamaram de *Big Bang*.

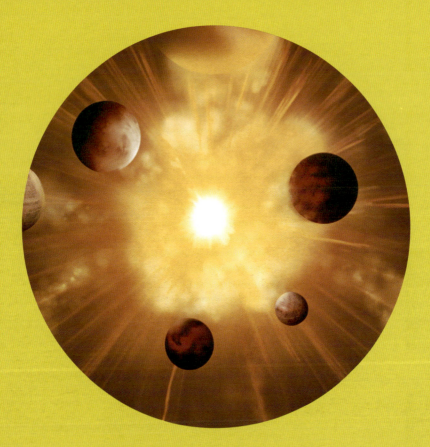

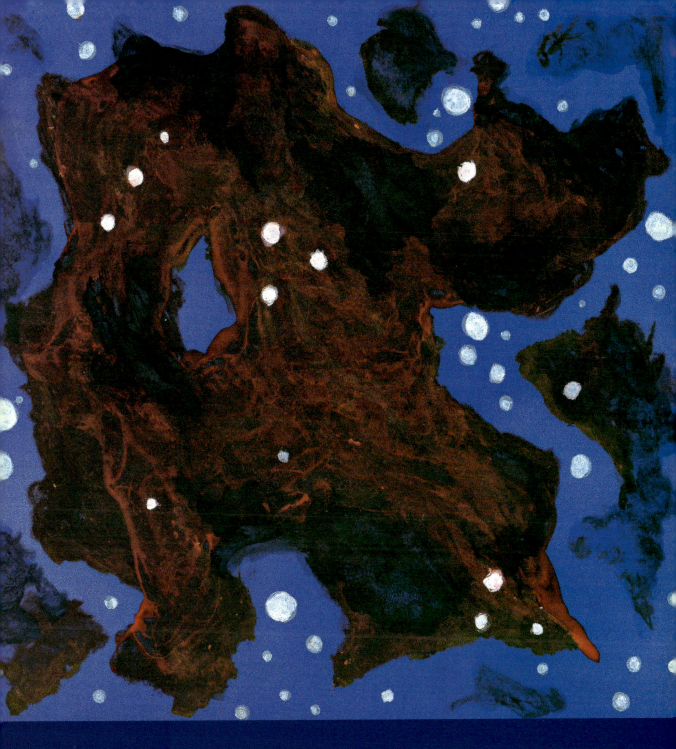

O UNIVERSO ESTÁ SE EXPANDINDO!

Usando poderosos telescópios e cálculos matemáticos, os cientistas descobriram que as galáxias vêm se afastando umas das outras. Uma das causas é o *Big Bang*, pois foi a partir desse estouro que o Universo surgiu e junto com ele todos os elementos do espaço: os planetas e as estrelas, por exemplo.

ORIGEM DO UNIVERSO

A Terra: o seu endereço no Universo

Se você fosse mandar um cartão-postal para alguém de outro planeta do Universo, o seu endereço seria assim:

O Sistema Solar é formado por oito planetas, vários satélites naturais, milhares de asteroides, meteoroides e cometas, além de poeira e gás interplanetário. Os planetas, incluindo a Terra, giram em torno do Sol, que é a estrela central do sistema. Dos planetas do Sistema Solar, a Terra é a única que possui vida da forma como nós conhecemos.

A Via Láctea é uma das muitas galáxias que surgiram a partir do *Big Bang*. É nela que se situa o Sistema Solar e, nele, a Terra e outros astros. Formada por mais de 100 bilhões de estrelas, vários planetas e muitas nebulosas (nuvens de poeira e gás), nossa galáxia tem a forma de uma espiral.

O Sistema Solar está localizado a 33 mil anos-luz do centro da Via Láctea. Para você ter uma ideia dessa distância, saiba que um ano-luz é a distância que a luz percorre em um ano, e nada viaja mais rápido do que a luz!

PLANETA-ANÃO
Plutão já foi considerado o 9º planeta do Sistema Solar, mas, desde agosto de 2006, passou a ser classificado como planeta-anão. Isso aconteceu porque um dos critérios para caracterizar um astro como planeta é que ele seja exclusivo em sua órbita, e a órbita de Plutão é atravessada pelo planeta Netuno.

ORIGEM DO UNIVERSO

Tudo a seu tempo

Antes de descobrir como e quando surgiu a vida na Terra, vamos falar sobre o tempo. Na Terra, tudo se transforma com o passar do tempo. Só que as mudanças do planeta acontecem em um tempo muito maior. Para contar a evolução do nosso planeta, os cientistas criaram a Escala do Tempo Geológico, uma forma organizada de agrupar os fatos na ordem em que aconteceram, ou seja, cronologicamente.

A TERRA POR DENTRO
A Terra é formada por diferentes camadas. A superfície, onde nós vivemos, é formada por grande quantidade de rochas e é chamada de crosta terrestre. Abaixo da crosta, temos o manto e, no centro do planeta, o núcleo, com temperaturas que beiram os 4 000°C.

PARA FAZER UM "VULCÃO" ENTRAR EM ERUPÇÃO
Esta atividade deve ser feita com a ajuda de um adulto em um local que possa ser molhado.
MATERIAL: massa de modelar ou argila, bicarbonato de sódio e vinagre.
COMO FAZER: Sobre um pedaço de madeira, modele um vulcão com a argila ou a massa de modelar, abrindo um orifício interno do topo até a base. Coloque uma colher (de sopa) de bicarbonato de sódio no orifício do vulcão e, depois, despeje um pouco de vinagre. Assim que ele entra em contato com o bicarbonato, forma-se uma espuma que é derramada para fora do vulcão.

ESCALA DO TEMPO GEOLÓGICO EM MILHÕES DE ANOS [MA]

A Escala do Tempo Geológico divide a história da Terra em três idades:
- **IDADE ARQUEANA**, entre 4,6 bilhões e 2,5 bilhões de anos atrás;
- **IDADE PROTEROZOICA**, entre 2,5 bilhões e 500 milhões de anos atrás;
- **IDADE FANEROZOICA**, entre 500 milhões de anos atrás até os dias de hoje.

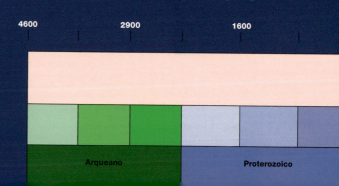

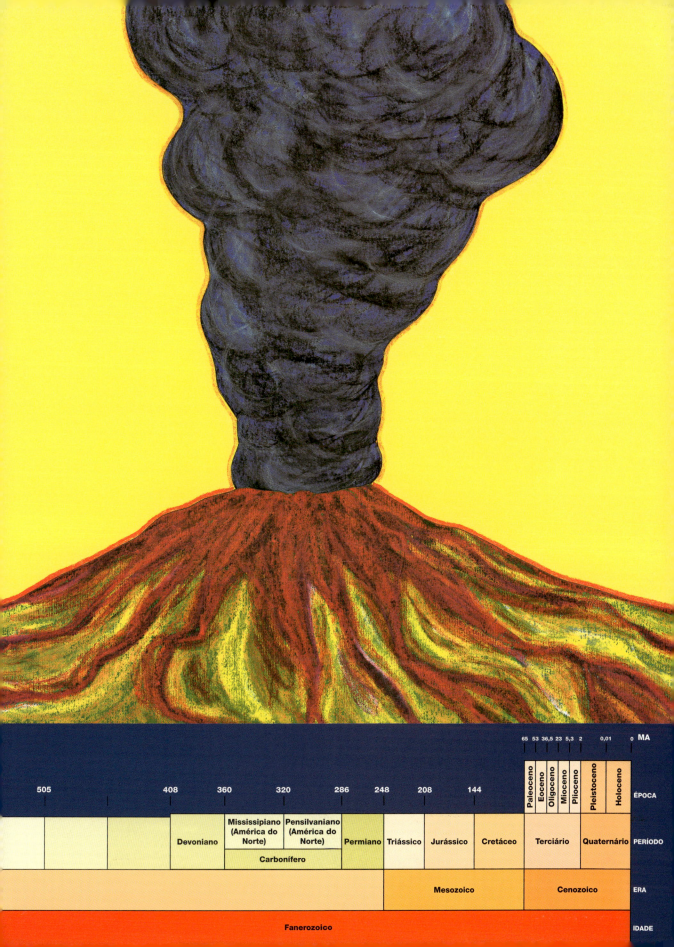

ORIGEM DO UNIVERSO

Quando a Terra se transformou em planeta azul

Altas temperaturas. Muita água em forma de vapor. E chuvas torrenciais. Esse era o cenário da Terra primitiva, causado pela intensa atividade dos vulcões. Foi um período tumultuado que se estendeu por muito tempo: cerca de 100 milhões de anos.

Resultado: depois de tanta chuva, a temperatura do planeta foi diminuindo e começou a ser formada uma fina camada sólida de rochas sobre ele. A água também foi se acumulando nos pontos mais baixos da superfície da Terra. Foi aí que se formou nosso primeiro oceano, já salgado por causa dos sais arrastados pela força das águas.

Planeta água

Atualmente, os oceanos ocupam quase 71% da superfície da Terra e contêm 97% de toda a água do planeta (o restante, 3%, é de água doce). Os oceanos da Terra foram nomeados Atlântico, Pacífico, Índico e Glacial Ártico. Há cientistas que consideram a existência do Oceano Glacial Antártico, enquanto outros dizem que ele é apenas a junção dos Oceanos Atlântico, Pacífico e Índico.

O AZUL DA TERRA
A cor azul que a Terra tem quando vista do espaço, ao contrário do que se imaginava, não é um reflexo da luz batendo nos oceanos, mas é resultado da incidência dos raios do Sol sobre os gases da atmosfera.

ORIGEM DO UNIVERSO

O supercontinente Pangeia

Quem nunca observou um globo terrestre ou um mapa-múndi e imaginou como seria viajar para os diferentes continentes, ou explorar os mares que existem entre alguns deles?

Se você existisse há cerca de 200 milhões de anos, a brincadeira não teria tanta graça, porque só havia um único continente! Os cientistas chamam essa única massa de terra de Pangeia.

O termo Pangeia resulta da junção da palavra "Pan", que significa junto em grego, com a palavra "Geia", que significa bloco de terra. O único oceano que circundava a Pangeia chamava-se Pantalassa.

Para que a Terra ganhasse seu primeiro continente, a Pangeia, foram necessários cerca de 4,3 bilhões de anos desde a formação do planeta. A Pangeia, de acordo com a Escala do Tempo Geológico, formou-se durante o Período Permiano e durou até o Jurássico.

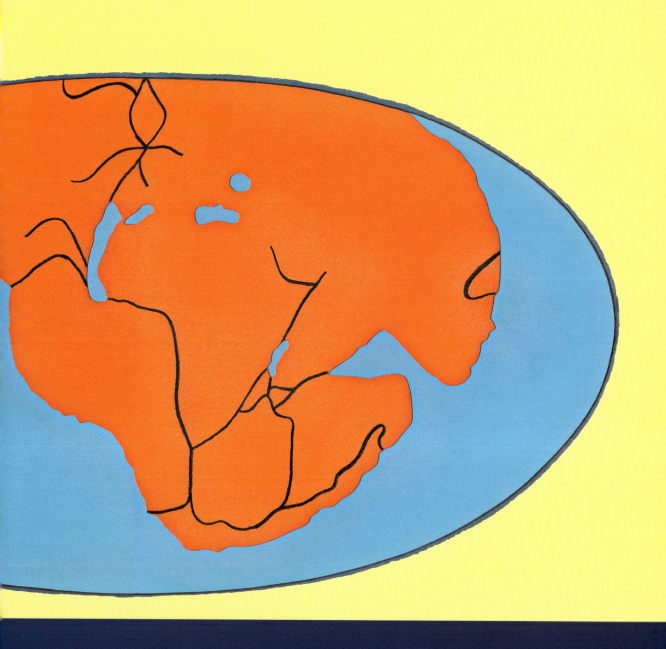

OS CONTINENTES SE MOVEM!

Pode ser difícil de acreditar, mas o chão sob os seus pés não está parado: a superfície sólida do planeta está "flutuando" sobre uma camada de rochas derretidas. É o calor dessas rochas que faz com que as placas da superfície se movimentem. Na maior parte do tempo esses movimentos nem são percebidos, mas às vezes eles causam estragos. É o que acontece quando ocorrem colisões entre as placas sólidas da Terra, provocando os terremotos. Daqui a algumas páginas você verá como a Pangeia se partiu e suas partes foram se afastando umas das outras, formando, após centenas de milhares de anos, os continentes e as ilhas que existem hoje.

OS PRIMEIROS SERES VIVOS

Berço da vida

Certamente, ninguém gostaria de viver nas condições da Terra primitiva, aquela formada por uma bola de fogo. À medida que a Terra, ao longo de bilhões de anos, passava por transformações geológicas e climáticas, as condições foram se tornando mais "tranquilas" para a existência de vida. A formação do oceano foi importantíssima para essa evolução.

Foi no oceano que surgiram os primeiros seres vivos; por isso os cientistas dizem que o berço da vida na Terra foi o mar. Isso aconteceu há cerca de 3 bilhões de anos. E muita coisa mudou de lá pra cá...

Faz algum tempo que a ciência grita para quem quiser ouvir: os seres vivos só podem surgir de outros seres vivos que já existem – por exemplo: você só existe porque seu pai e sua mãe o "produziram". Em outras palavras, não é possível criar a vida "do nada".

Então, como surgiram os seres vivos em um planeta onde antes eles não existiam? Os cientistas não têm certeza de como isso aconteceu; uma das explicações mais aceitas afirma que os primeiros seres vivos surgiram a partir de elementos químicos que se juntavam, formando moléculas. Essas moléculas passaram a se organizar e, com o tempo, adquiriram a capacidade de se reproduzir. A reprodução foi o primeiro passo para a existência da vida.

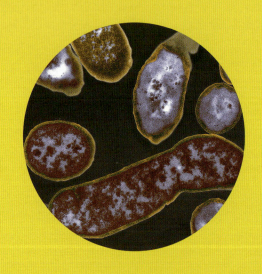

14

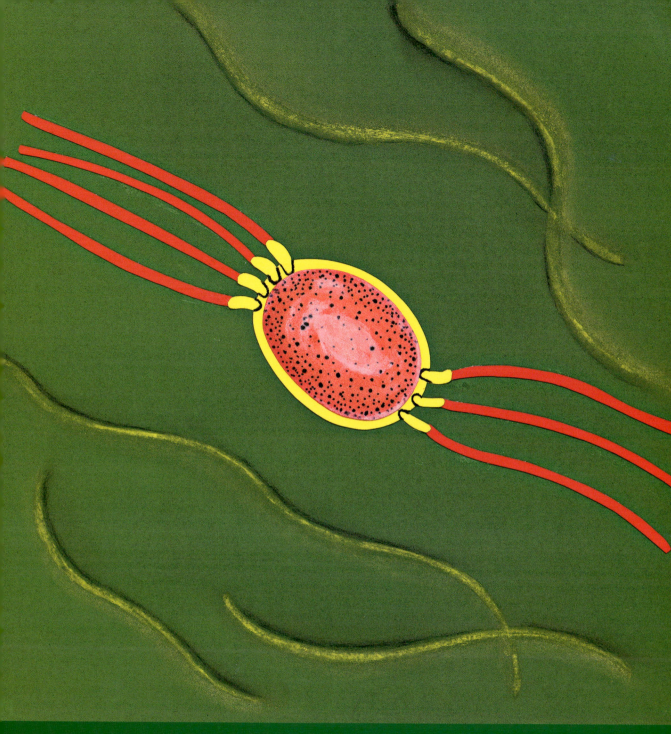

DO TAMANHO DE UMA BACTÉRIA
Para descobrir o tamanho de uma bactéria, tente imaginar a divisão de um milímetro em mil partes. Pronto: cada uma dessas partes representa a medida de uma bactéria. Não dá para enxergar nada, não é? É por isso que os cientistas usam microscópios, aparelhos que ampliam várias vezes as imagens dos seres microscópicos, como mostra a ilustração desta página.

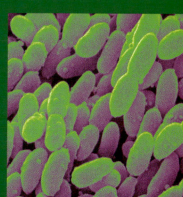

OS PRIMEIROS SERES VIVOS

Os primeiros e todos os outros

Os primeiros seres vivos eram formados por uma única célula, como as bactérias que vivem hoje aos bilhões, até mesmo dentro do seu corpo. Durante muito tempo, esses organismos microscópicos – chamados de unicelulares – foram os únicos a habitar os mares do nosso planeta.

A partir desses primeiros seres, surgiram todos os outros que conhecemos hoje: fungos, plantas, animais – inclusive o ser humano. Essa diversificação da vida demorou bilhões de anos para acontecer. Não é fantástico?

Na história da evolução da vida na Terra, alguns dos seres vivos mais antigos foram as algas unicelulares: sua única célula era capaz de exercer todas as funções necessárias à vida: alimentação, respiração, reprodução e excreção.

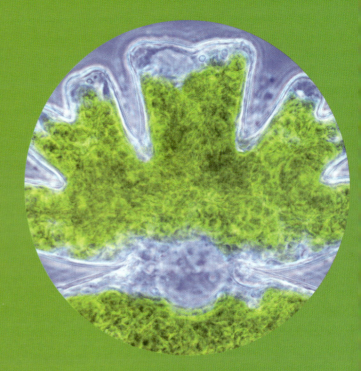

VISITANDO O LABORATÓRIO DA ESCOLA
Para que você possa diferenciar um ser unicelular de um ser multicelular, uma boa dica é visitar o laboratório da escola. Lá, com o uso do microscópio, essa diferença ficará bem visível.

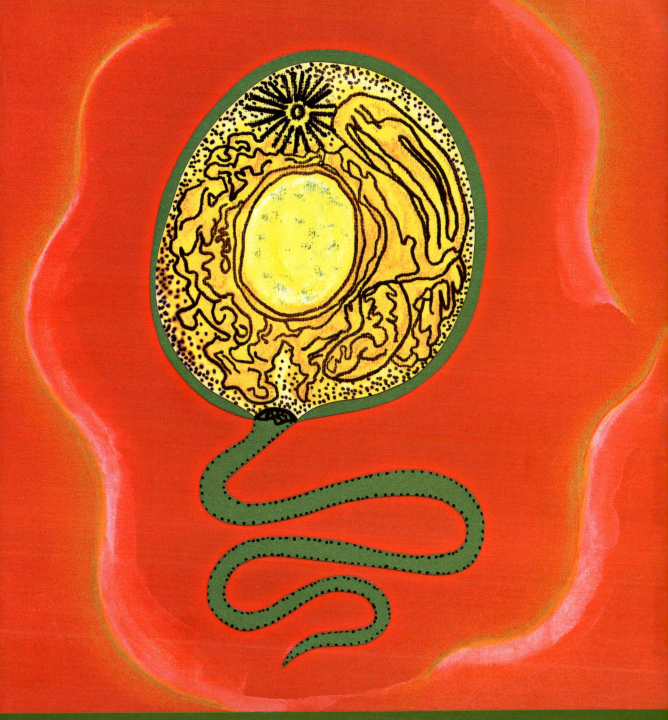

COMO ERAM OS PRIMEIROS SERES VIVOS?
Será que eram parecidos com algum animal que você conhece? Ou, talvez, com uma planta? Nada disso! Muito provavelmente, as primeiras formas de vida eram microscópicas e formadas por uma única célula, parecida com as bactérias atuais. Os primeiros seres vivos multicelulares – formados por muitas células – que apareceram eram semelhantes às algas, às águas-vivas e aos vermes marinhos que existem hoje.

OS PRIMEIROS SERES VIVOS

Período fértil

Os cientistas chamam de Período Cambriano o intervalo de tempo de 45 milhões de anos que ocorreu entre 550 e 505 milhões de anos atrás.

Foi um período em que a variedade de seres vivos cresceu intensamente! Surgiram os primeiros seres invertebrados, todos marinhos e bem esquisitões: alguns apresentavam exoesqueleto, ou seja, esqueleto externo, espécie de carapaça que suportava e protegia seus corpos moles e vulneráveis. Entre esses seres vivos, surgiram esponjas, corais, vermes, anêmonas-do-mar, e de todo jeito, com espinhos, carapaças, muitas pernas… Tamanha era a variedade de vida que se formou na época que ela ficou conhecida como a "explosão do Cambriano".

Artrópodes, equinodermos, quelicerados, braquiópodes… É com nomes estranhos assim que a Biologia costuma classificar os grupos de seres vivos.

Todos esses animais de nomes complicados surgiram no Período Cambriano. Quanto às diferenças, elas existem. Equinodermos são animais como as estrelas-do-mar e os ouriços-do-mar, que não nadam e nem flutuam, mas se arrastam ou ficam fixos em rochas ou no leito do oceano. Já os braquiópodes, que são exclusivamente do mar, têm o corpo mole envolvido por uma concha espiralada, como as extintas amonites.

18

ANIMAIS DE PATAS

Artrópodes são animais invertebrados que possuem patas articuladas. O primeiro artrópode a colocar as patinhas no planeta foi o trilobita, animal marinho cujo corpo era uma carapaça dividida em 3 partes, vários pares de patas e medindo entre 5 e 70 cm. Existem outros tipos de artrópodes, tanto em ambiente marinho quanto terrestre, como os crustáceos e os quelicerados. Os insetos, também do grupo dos artrópodes, são os mais famosos e surgiram no planeta um pouco mais tarde.

OS PRIMEIROS SERES VIVOS

Peixes primitivos

Os peixes foram os primeiros animais vertebrados da Terra. Isso significa que foram os primeiros a ter uma coluna vertebral que os sustentasse.

Os primeiros peixes a aparecer no planeta datam de 438 a 408 milhões de anos atrás, no Período Siluriano. Eles se desenvolveram em lagos e rios.

Com esses primeiros peixinhos, não daria nem para contar vantagem na pescaria: eles não passavam de 30 centímetros de comprimento. Também não tinham mandíbulas e não podiam mastigar; para se alimentar, nadavam com a boca aberta engolindo organismos microscópicos ou remexiam no fundo lodoso à procura de alimento.

PEIXES ENCOURAÇADOS
Agora chegou a vez dos placodermos, os peixes com mandíbulas, nadadeiras e carapaça óssea que só surgiram no período seguinte, o Devoniano. A carapaça óssea sobre o corpo ajudava a proteger esses animais dos predadores.

PEIXE MONSTRUOSO

Foi no Período Devoniano que viveu o *Dunkleosteus*, o maior predador dos mares daquela época. Era um peixe monstruoso de cerca de 9 metros de comprimento, com mandíbulas escancaradas e a cabeça protegida por grossas placas. A prova de que ele realmente existiu vem dos fósseis encontrados e analisados pelos cientistas.

OS PRIMEIROS SERES VIVOS

A Terra se veste de verde

Depois do mar, a vida ganhou a superfície terrestre. Sabe quais foram os primeiros seres vivos a viver em terra firme? As plantas!

As primeiras verdinhas a viver fora da água eram semelhantes aos musgos atuais e originaram-se a partir das algas marinhas primitivas.

As primeiras plantas terrestres eram bem simples e não tinham vasos condutores, que é por onde circulam a água e a seiva que as alimenta. Comparando, é como se não tivéssemos nossos vasos sanguíneos, por onde o sangue circula levando alimento e oxigênio por todo o corpo. Essas plantinhas viviam sempre em lugares úmidos, próximos da água. Até hoje, existem plantas assim: são os musgos e outras plantinhas pequenas que você pode ver sobre rochas ou troncos de árvores.

Já as plantas com vasos condutores, semelhantes às samambaias e às avencas atuais, foram as primeiras a se estabilizar em terra firme, um tanto afastadas da água. Seus vasos passaram a transportar a seiva e a água. Essas plantas começaram a se espalhar pelas paisagens da época.

VAMOS FAZER UMA SEMENTE BROTAR?
MATERIAL: 3 sementes de feijão, 1 copo plástico descartável, um pouco de terra ou de algodão e água.
COMO FAZER: Coloque a terra ou o algodão dentro do copo e, sobre ele, os grãos de feijão. Molhe um pouco a terra ou o algodão e deixe o copo em um lugar onde bata sol. Ao longo dos dias, acompanhe as etapas de crescimento do broto. Para que o pé de feijão cresça, é preciso que você mantenha o solo úmido, sem encharcar. Se você quiser registrar o desenvolvimento da sua plantinha, fotografe-a em alguns estágios do crescimento e faça desenhos.

OS PRIMEIROS SERES VIVOS

As primeiras árvores

Desde o surgimento das primeiras florestas de samambaias e musgos, no Período Devoniano, demorou quase 100 milhões de anos para que as plantas se diversificassem, o que aconteceu só ao longo do Período Carbonífero.

Naquele tempo, surgiram as primeiras árvores, ancestrais dos pinheiros que conhecemos hoje, com troncos fortes e altos. Apareceu também uma grande novidade no mundo das plantas: a semente!

A cobertura verde que começou a se formar no Período Devoniano deu origem a um novo ambiente para a vida. Os outros seres vivos, que antes só viviam nos mares, começaram a se aventurar em terra firme. Alguns dos primeiros foram animais parecidos com escorpiões, aranhas e centopeias, e depois também os insetos.

No final do Período Devoniano, as chuvas ficaram mais raras e muitos lagos e pântanos começaram a secar. Nesse período surgiram alguns peixes extraordinários, capazes de respirar fora da água. Eles viviam na lama e algumas espécies até conseguiam se arrastar no solo, usando as nadadeiras como patas.

ANCESTRAIS DE SAPOS E RÃS

Apenas um passo à frente na evolução, os vertebrados conquistaram a terra firme. Isso aconteceu 330 milhões de anos atrás, com o aparecimento de um animal chamado *Ichthyostega*, mistura de peixe e anfíbio. O *Ichthyostega* tinha patas e podia passar muito tempo em terra firme, principalmente atrás de comida. Os anfíbios primitivos tinham aparência diferente da de seus parentes próximos, os sapos e as rãs, que existem até hoje.

CABEÇA TRIANGULAR

O *Diplocaulus* foi um dos primeiros tetrápodes, isto é, um dos primeiros animais a ter patas e dedos. Esse bicho tinha a cabeça em formato estranho, vivia nos pântanos e conseguia transitar tanto na terra quanto na água. Os cientistas acham que o *Diplocaulus* usava a cabeça para direcionar seus movimentos na água.

OS PRIMEIROS SERES VIVOS

Vivendo em terra firme

Durante muito tempo, há quase 50 milhões de anos, os anfíbios dominaram os pântanos da Terra. Porém, o clima começou a mudar e a ficar mais seco; isso foi problema para os anfíbios, que botavam seus ovos na água e dependiam dela para se reproduzir. A natureza seguiu seu rumo e muitas espécies de anfíbios foram extintas. Mais ou menos nessa época, começaram a surgir animais mais bem adaptados à vida em terra firme: apareceram os insetos com asas, que se locomoviam muito bem no ar, e animais com patas e dedos, que andavam com maior rapidez.

Se na água os raios solares não castigavam os seres vivos, na terra a história era bem diferente. Alguns animais terrestres surgiram com uma pele mais grossa e escamosa, que os protegia do sol e da desidratação. Escamas lembram quais animais terrestres? Acertou quem respondeu os répteis! Eles são os próximos na nossa história da vida na Terra.

NOVIDADE NO MUNDO DOS RÉPTEIS: O OVO COM CASCA

Répteis, dizem os biólogos, foram os primeiros vertebrados a produzir ovos com casca dura e líquido amniótico em seu interior, para a proteção do embrião. Ponto para eles: os répteis já podiam botar seus ovos em terra firme.

JÁ OUVIU FALAR NO MEGANEURA?

O nome é bem engraçado, mas o meganeura daria medo. Era um inseto gigantesco, capaz de atingir até 80 cm de envergadura e que pesava cerca de 1 quilo. Já imaginou inseto tão grande? Devorador, ele agarrava as presas com seus três pares de pernas e guiava-as até suas poderosas mandíbulas.
As atuais libélulas se parecem muito com ele, só que em miniatura.

A VIDA NA TERRA SE DIVERSIFICA

Os répteis mais famosos da história: os dinossauros

O sucesso da adaptação dos répteis à vida na Terra fez de seus descendentes – os dinossauros – os senhores do planeta. Isso foi há 220 milhões de anos, durante os Períodos Triássico, Jurássico e Cretáceo, que duraram juntos 160 milhões de anos.

Os cientistas que estudam a história da vida definem os dinossauros como répteis terrestres, que podiam ser grandes como edifícios ou pequenos como galinhas. Além disso, os verdadeiros dinossauros andavam com as patas sobre o corpo, como os mamíferos, e não se arrastavam como os crocodilos. Fique atento: outros animais da época, como os pterossauros, répteis voadores, ou répteis marinhos, não podem ser chamados de dinossauros.

DINOSSAUROS NO BRASIL

Um dos primeiros dinossauros a aparecer na Terra, o *Staurikosaurus pricei*, tinha cerca de 60 centímetros de altura e 2 metros de comprimento. Ele viveu há mais ou menos 225 milhões de anos, onde hoje se encontra o estado do Rio Grande do Sul.

28

DOS RÉPTEIS ÀS AVES

A primeira ave de que se tem notícia na Terra surgiu há 150 milhões de anos: era o *Archaeopteryx*, que tinha o tamanho de um urubu e descendia de um grupo de pequenos répteis. Um tipo estranho era esse tal de *Archaeopteryx*: tinha dentes e dedos com garras na ponta das asas.

A VIDA NA TERRA SE DIVERSIFICA

Os répteis marinhos e os primeiros mamíferos

Nem todos os répteis viviam na terra; muitos deles voltaram à vida aquática e passaram a nadar nos mares primitivos.

No Período Jurássico, entre 208 e 144 milhões de anos atrás, dominaram o ambiente marinho répteis como os plesiossauros e os ictiossauros, todos com barbatanas. Os plesiossauros tinham pescoço curto, barbatana em forma de asa e caçavam ictiossauros, que eram répteis com a forma de golfinhos (lembre-se de que os golfinhos são mamíferos, certo?).

Durante o Período Triássico, surgiram na Terra os primeiros mamíferos. Os cientistas dizem que eles se originaram de um grupo de pequenos répteis terrestres, animais que já apresentavam o corpo revestido de pelos.

Viviam nas florestas e alimentavam-se de ovos e pequenos animais invertebrados. Os mamíferos primitivos assemelhavam-se a ratos de tamanho pequeno, que viveram por cerca de 140 milhões de anos.

TARTARUGA COM SERPENTE

Seria uma mistura maluca, não acha? Mas pode acreditar: esse bicho existiu. O nome dele era *Elasmossauro*, um réptil marinho do grupo dos plesiossauros, que viveu no Período Cretáceo. Seu corpo era largo e achatado como o de uma tartaruga marinha, seu pescoço, tão comprido que parecia uma serpente e sua cabeça, bem pequena. Ele tinha cerca de 15 metros de comprimento, ou seja, era mais comprido do que um ônibus!

O AFASTAMENTO DOS CONTINENTES

Dinossauros para todos os gostos

Os dinossauros não foram senhores de seu tempo à toa. Ágeis e donos de excelentes sistemas de locomoção, eles ocupavam a maioria dos ambientes terrestres. Com muita disponibilidade de alimento e poucos predadores, alguns atingiram tamanhos gigantescos.

Ao longo de 160 milhões de anos, diversificaram-se bastante: havia dinossauros herbívoros (que só comiam plantas) e carnívoros (que se alimentavam de outros animais). Havia também os onívoros, que comiam plantas e carne.

Dinossauros bípedes, quadrúpedes, pequenos, gigantescos, com e sem chifres, com e sem placas sobre o corpo... havia dinossauros para todos os gostos.

TUDO A SEU TEMPO

Disputar território e alimento com os dinossauros não foi uma tarefa simples para os primeiros e pequenos mamíferos que conviveram com eles. Mas alguma coisa mudou na história do planeta, e os mamíferos foram superando os dinossauros em número de espécies e quantidade no final do Período Cretáceo, quando ocorreu a extinção em massa dos dinossauros. O que será que aconteceu?

PISTAS ARQUEOLÓGICAS

Para descobrir a origem e a evolução da vida, a ciência recorre a pistas deixadas pelo passado do planeta, como os fósseis. Fósseis são restos de seres vivos ou vestígios deixados em épocas geológicas anteriores, como, por exemplo, ossos, dentes e pegadas.

O AFASTAMENTO DOS CONTINENTES

A extinção dos dinossauros

Quando um ser vivo deixa de existir na Terra, dizemos que ele foi extinto. Foi isso que aconteceu com os dinossauros no passado.

A razão para sua extinção é motivo de muita controvérsia entre os cientistas: a maioria diz que um grande asteroide caiu na Terra; o impacto dessa queda levantou muita poeira, cobrindo a atmosfera e deixando-a escura por anos, o que impediu a entrada dos raios do sol no planeta.

Como você sabe, sem sol as plantas não sobrevivem. Sem plantas, os animais herbívoros não têm o que comer e morrem. O mesmo aconteceu com os grandes carnívoros, que não tinham mais o que comer.

A extinção dos dinossauros aconteceu na Era Mesozoica; naquele tempo, os seres humanos ainda nem existiam no planeta.

Não sobrou nenhum dinossauro na face da Terra para os dias de hoje. Então, como os cientistas sabem tanto a respeito desses animais e de outros que já foram extintos?

COMO UM FÓSSIL É FORMADO
São necessárias diversas condições especiais para que um fóssil seja formado. Por exemplo, um animal morre na água e afunda. Com o tempo, várias camadas de areia o cobrem; seus ossos se petrificam e tornam-se um fóssil. Após milhares de milhões de anos, o fóssil é encontrado e remontado para reconstruir o esqueleto do animal. Esse esqueleto é exposto em museus de Ciências Naturais e desperta muita curiosidade.

O AFASTAMENTO DOS CONTINENTES

Novos oceanos

Nas aulas de Geografia, aprendemos que continentes são grandes massas de terras contínuas cercadas por águas oceânicas. Uma vez que na Terra tudo se modifica, também o supercontinente Pangeia não durou para sempre.

Na Era Mesozoica, há cerca de 180 milhões de anos, tiveram início a quebra da Pangeia e a formação dos novos continentes, fatos que deram origem à divisão do único oceano que então existia, o Pantalassa. O nível das águas logo subiu e muitas terras baixas do planeta foram inundadas.

A razão para a fragmentação da Pangeia foi alvo de muita investigação científica. Como você viu no começo do livro, os continentes estão "boiando" sobre uma camada de material líquido no interior da Terra. Esses continentes são parte de gigantescas placas de terra, chamadas placas tectônicas, que flutuam sobre a camada líquida profunda e muito quente. Os cientistas dizem que o deslizamento dessas placas tectônicas teria causado a fragmentação do supercontinente Pangeia.

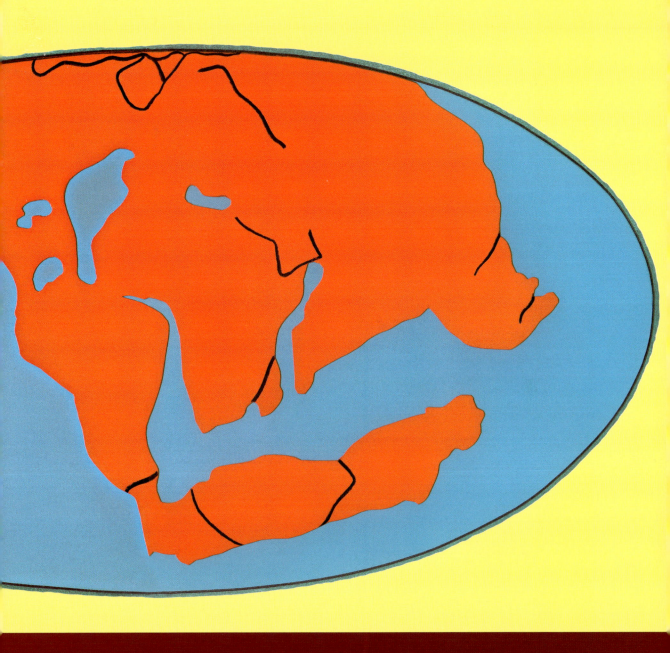

FOSSÉIS DAQUI E DE LÁ
Como você explicaria que fósseis de animais da mesma espécie fossem encontrados, nos dias de hoje, nas terras do Brasil e da África? Isso acontece porque, no passado, os continentes americano e africano já estiveram unidos, e os animais viveram no mesmo ambiente. Quando aconteceu a fragmentação da Pangeia, os fósseis foram separados.

O AFASTAMENTO DOS CONTINENTES

O planeta sacudido por mudanças

Hoje a Terra é dividida em seis continentes: América, Europa, África, Ásia, Oceania e Antártida. Há quem diga que são cinco, juntando a Euro-Ásia. Porém, nem sempre foi assim. A aparência atual dos continentes começou a se delinear na Era Cenozoica, 65 milhões de anos atrás. Naquele tempo, formaram-se as grandes cadeias de montanhas e ocorreram as grandes glaciações. Um fenômeno climático de frio intenso, a era do gelo, pode ocorrer de tempos em tempos na Terra. Nas glaciações, a quantidade de gelo no planeta aumenta, invadindo lugares onde antes havia terra firme e provocando grandes mudanças no relevo e no nível do mar.

Entre um e outro período glacial, há os períodos interglaciais, em que a temperatura da Terra se eleva. A última glaciação aconteceu há cerca de 150 mil anos, e hoje vivemos um período interglacial. No entanto, as atividades dos seres humanos podem interferir no clima do planeta e provocar grandes mudanças...

38

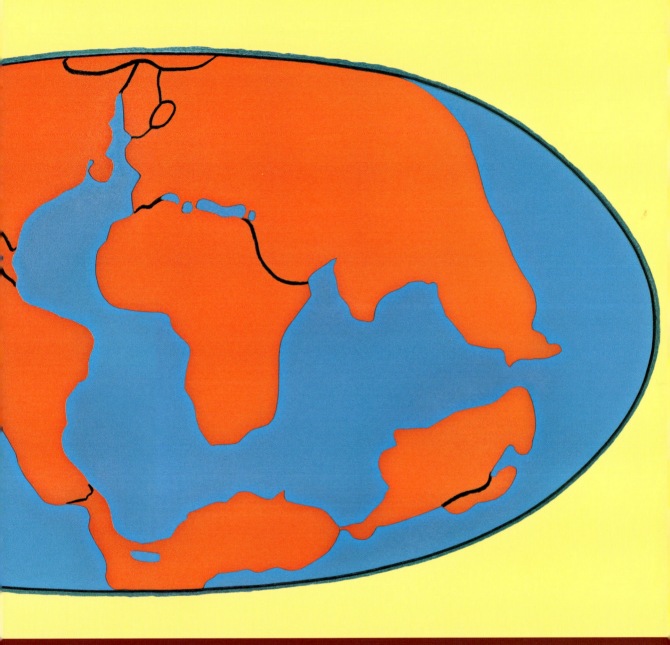

AQUECIMENTO GLOBAL

O aquecimento global é a atual e mais grave ameaça à Terra e à vida terrestre. Esse fenômeno climático determina o aumento da temperatura média da superfície terrestre. Só nesse início de século, ela já subiu 2ºC. Parece pouco, mas é suficiente para causar furacões, derretimento do gelo dos polos, grandes enchentes, aumento do nível do mar, entre outras catástrofes. Os cientistas afirmam que o aquecimento é causado principalmente pela poluição lançada no ar pelo ser humano.

MAMÍFEROS: OS NOVOS SENHORES DO PLANETA

Os mamíferos dominam

Com a extinção dos dinossauros, no final do Período Cretáceo, os mamíferos começaram a tomar conta da Terra.

A partir daí, sem grandes predadores para ameaçá-los, esses animais começaram a se diversificar com muita rapidez, invadindo todos os ambientes terrestres.

Os mamíferos tinham um ponto a seu favor: eles eram capazes de manter a própria temperatura corporal constante e ficar quentinhos, utilizando a energia dos alimentos.

Dessa forma, podiam viver em ambientes relativamente frios e manter-se ativos por um período maior do dia.

No grupo dos mamíferos surgiu uma grande novidade: os filhotes não eram gerados em ovos, e sim no interior do corpo das mães. Dessa forma, eles ficavam mais protegidos dos predadores.

PRIMEIROS CAVALOS

Numa paisagem de pastos e pradarias, nessa mesma época surgiram os mamíferos com cascos, herbívoros ancestrais dos cavalos e das zebras. O primeiro cavalo do planeta foi o *Hyracotherium*, um animal que tinha o tamanho de uma raposa e surgiu na época do Eoceno.

RINOCERONTE DE 7 METROS

Assim era o *Paraceratherium*, um ancestral dos rinocerontes, sem chifres e que viveu no Oligoceno. Ele pesava mais de 20 toneladas e foi um dos mamíferos terrestres mais pesados que já existiram. Era herbívoro, tinha pouco mais de 5 metros de altura e 7 metros de comprimento. Para você ter uma ideia do tamanho desse animal, dê mais ou menos 15 passos: esse é o comprimento do rinoceronte gigante!

MAMÍFEROS: OS NOVOS SENHORES DO PLANETA

Como surgiram os mamíferos marinhos

Da terra firme, alguns mamíferos foram viver nos oceanos e deram origem às baleias e aos golfinhos. Esses bichos precisam subir até a superfície da água para respirar o ar atmosférico.

Durante um bom tempo, havia dúvidas sobre a origem das baleias e dos golfinhos, animais que a biologia inclui na ordem dos cetáceos.

Hoje, porém, após a descoberta de fósseis, os cientistas descobriram que seus ancestrais viveram entre 65 e 53 milhões de anos atrás e foram os maiores predadores do Paleoceno. Eram mamíferos carnívoros terrestres bastante esquisitos: tinham cascos, narinas na parte frontal da cabeça e pareciam-se com lontras.

Um dos fósseis que contribuíram para esclarecer a antiga dúvida sobre a evolução das baleias foi o *Pakicetus*, encontrado no Paquistão. Ele viveu há 50 milhões de anos, era do tamanho de um lobo e seu crânio era parecido com o de uma baleia. Seu principal alimento era o peixe, o que o obrigava a mergulhar para caçar.

Ao longo de milhões de anos, seus descendentes evoluíram para o ambiente marinho. O corpo desses animais era adaptado ao novo espaço: eles tinham poucos pelos e patas mais curtas. Mais tarde, no lugar de narinas, tinham um único orifício no alto da cabeça, como as baleias atuais.

BALEIA COM VERRUGAS?
Você já reparou que muitas baleias têm umas "verrugas" na pele? Na verdade, essas verrugas são um tipo de crustáceo chamado craca, da classe Cirripédia. Algumas cracas vivem incrustadas na pele das baleias, outras se fixam em embarcações.

MAMÍFEROS: OS NOVOS SENHORES DO PLANETA

Primeiros primatas

Há 70 milhões de anos, quando ainda existiam dinossauros na Terra, surgiu o primeiro primata: o *Purgatorius*. Habitante das florestas de coníferas, era um pequeno mamífero com 44 dentes e focinho longo, que se alimentava de folhas e insetos. Naquele tempo, a espécie humana ainda estava longe de dar as caras por aqui...

Os primeiros hominídeos foram os primatas que começaram a andar eretos; os cientistas dizem que eles foram os ancestrais humanos que "desceram das árvores" para se locomover no chão. Surgiram na África, durante o Mioceno.

Mas foi só há 3 milhões de anos que nasceu o Australopiteco: um hominídeo com cérebro bem desenvolvido e rosto saliente, que caminhava sobre os dois pés. Vivia em grupos e usava pedras e bastões para se defender dos grandes carnívoros das pradarias.

Há cerca de 2 milhões de anos, surgiu uma espécie diferente na Terra, o *Homo habilis*, que recebeu esse nome pois se acredita que ele possuía habilidades como fabricar utensílios de pedra, construir cabanas, coletar alimentos, caçar pequenos animais e até usar uma linguagem própria para se comunicar com outros da sua espécie.

Mais tarde, surgiu o *Homo erectus*, entre 1,6 milhão e 150 mil anos atrás. Ele já apresentava corpo mais robusto, estatura média, cérebro maior e rosto mais largo. Vivia em grupos organizados e vestia-se com peles de animais.

O *Homo erectus* realizou uma grande conquista: o domínio do fogo.

QUE TAL CONSTRUIR A ÁRVORE GENEALÓGICA DE SUA FAMÍLIA?
Assim como estamos construindo a história da nossa espécie, que tal construir a história da sua família? Com a árvore genealógica, podemos relacionar todos os nomes de nossos antepassados, visualizando a história de nossa família. Então vamos lá!
Comece colocando seu nome na parte inferior de uma folha de papel. Em seguida, risque duas flechas apontando para cima, uma para cada lado, e escreva, na esquerda, o nome de seu pai; na direita, o nome de sua mãe. Na sequência, faça o mesmo com cada um de seus pais, avós e assim por diante. Veja até que geração você consegue preencher na sua árvore.

MAMÍFEROS: OS NOVOS SENHORES DO PLANETA

O homem de Neandertal

O homem moderno deve ter surgido no planeta entre os últimos 150 e 100 mil anos. Um de nossos parentes próximos foi o homem de Neandertal, um tipo rude e robusto, culturalmente desenvolvido porque seu cérebro era maior do que o do *Homo erectus*. Esse homem forte enfrentou glaciações e passou a se abrigar em cavernas – ele é o que chamamos de homem das cavernas. Os Neandertais enterravam seus mortos e construíram as primeiras sepulturas, o que leva a crer que a morte para eles tinha significado.

Entre 35 mil e 10 mil anos atrás, surgiu o *Homo sapiens sapiens*, o homem anatomicamente moderno, que deu origem aos tipos físicos de hoje – enfim, nossa espécie apareceu na Terra!

Munido de técnicas sofisticadas para a época, trabalhava de maneira inteligente com pedras, ossos e chifres na confecção de instrumentos de caça que podiam ser facilmente transportados, fato que permitiu que se fixasse em certos locais. De elevado nível cultural, ele fez muitos progressos nos planos social, religioso e artístico.

NOSSOS ANCESTRAIS TAMBÉM FAZIAM ARTE!

A criatividade é mesmo uma característica da espécie humana. Nossos ancestrais pré-históricos não resistiram à arte: para expressar suas experiências e emoções, recorreram a pinturas e desenhos. É a chamada arte rupestre, na qual as tintas eram obtidas da terra e dos vegetais para colorir e decorar rochas e paredes de cavernas.

A EVOLUÇÃO TERMINOU?
Não! É só olhar para a nossa espécie. Ao longo do tempo, ampliamos nossa capacidade de invenção, linguagem e memória, e isso acontece até hoje. Os demais seres vivos também continuam evoluindo, já que o ambiente nunca permanece o mesmo. Uma coisa é certa: nossa espécie deve evoluir e aprender a tratar a natureza com respeito, pois ela é o berço da vida de todos os seres, os de hoje e aqueles que já viveram na Terra.

ARQUIVO PESSOAL

Entre tantas descobertas, livros, curiosidades, pesquisas, artes e textos, foi tomando forma *A evolução da vida na Terra*. Interessante, surpreendente, enfim, foi maravilhoso "assistir" a essa história, da qual fazemos parte, desde o seu início até hoje. Como a Terra se formou, o surgimento dos primeiros seres, a época dominada pelos dinossauros ou como surgiram as baleias, nem sei qual foi o evento que mais me encantou. Todos unidos contam a evolução da vida em nosso planeta: a história de todas as formas de seres que aqui viveram, suas adaptações e extinções. Para as artes do livro usei uma técnica mista: bastão pastel aquarelado, lápis conté colorido e colagem. O livro traz diversão e reflexão ao mesmo tempo. Diversão pelas descobertas, curiosidades e propostas de experimentos para realizar na escola ou em casa. Reflexão pelo assunto e pela infinidade de temas para analisar e discutir. Venha, o que você está esperando para entrar nessa fascinante viagem? Um grande abraço, Ingrid

www.ingridautora.com.br
ingrid@ingridautora.com.br

Créditos das imagens: Criação do Universo, Big Bang. © The image Bank/Getty Images (p.5); Sistema Solar com Plutão. © Arquivos DCL (p.6); Vulcão Kilauea. © Corel Stock Photos (p.10); Planeta Terra vista por satélite. © Corel Stock Photos (p.11); Pangea, ilustração de computador. © Mark Garlick/SPL/LatinStock (p. 12); Bacilos grã-negativos (rod-shaped) bactérias que possuem um único cabelo-como flagelos para a circulação. © Eye of Science/ SPL/LatinStock (p.14); Bactéria Erwinia carotovora. © Andrew Syred/SPL/Stock Photos (p.15);Alga unicelular que se reproduz assexuadamente por divisão celular © Michael Abbey /Photo Researchers, Inc./LatinStock (p.16); Sargaço (alga) no aquário, Praia do Forte, BA. © Fábio Colombini (p.17);Moderna Onychophora, semelhantes às formas fósseis que remontam ao Cambriano, 530 milhões de anos atrás. Queensland, Austrália © Piotr Naskreckl/Minden Pictures/LatinStock (p.18);Parque Nacional Grande Cânion, Arizona EUA Fóssil de um Trilobita, Cambriano. © Tom Bean / Corbis/LatinStock (p.19); Peixe pré-histórico Dunkleosteus, ilustração. © Christian Darkin/SPL/LatinStock (p.21); Tronco de árvore com musgo. © Sangiorzboy/IDreamstime.com (p.22); Samambaia. © Derek Dammann/Istockphoto (p.22); Pirambóia. Lepidosiren paradoxa. MT. © Fábio Colombini (p.24); Diplocaulus anfíbios pré-históricos. © Christian Darkin/SPL/LatinStock (p.25); Modelo de Maiasaurus em ovos de incubação. © Jeanne White / Photo Researchers, Inc./LatinStock (p.26); Fóssil de uma libélula (Procordulagomphus xavieri), entre 110-114 milhões de anos atrás. © Pascal Goetgheluck/SPL/Stock Photos (p.27); Pintura de uma série de Ernest Untermann,no Museu Dinosaur National Monument, Utah, E.U.A. © Bettmann/Corbis/Stock Photos (p.28); Ilustrações de um Archeopteryx, a primeira ave. É semelhante a um réptil com penas. © Joe Tucciarone/SPL/LatinStock (p.29); Fóssil de um Ichthyosaur. © Age Fotostock/Keystock (p.30); Elasmosaurus, réptil marinho membro do grupo de répteis marinhos carnívoros que habitaram os mares da era Mesozóica © Chris Butler/SPL/LatinStock (p.31);Tyrannosaurus © AKG-Images/LatinStock (p.32); Fóssil de um Gasosaurus constructus, um dinossauro carnívoro que viveu entre 144-208 milhões de anos atrás. © Mehau Kulyk/SPL/Stock Photos (p.33); Esquema ilustrativo da formação da Terra, as primeiras plantas, primeiros peixes marinhos, primeiros animais terrestres até os dinossauros e sua posterior extinção. © Paulo César (p.34); Esqueleto de um Tiranossaurus- rex no museu de Chicago. © AdamBothoo/Dreamstime (p.35); Terrenos alagados depois da erupção do vulcão Pinatubo © Philippe Bourseiller/Getty Images (p.39); Point Lobos, Califórnia, E.U.A. © George D. Lepp/Corbis/LatinStock (p.41); Rebanho de Indricotherium (também conhecido como Baluchitherium), mamíferos extintos que viveram durante o Oligoceno e Mioceno, pertencentes ao mesmo grupo do moderno rinoceronte. © Christian Darkin/SPL/LatinStock (p.41); Baleia orca nadando na superfície do oceano. © Corel Stock Photos (p.42); Tongas National Forest, Alaska, EUA - Baleia Jubarte. © Paul Souders/Corbis/LatinStock (p.43); Hominídeos atacando uma espécie de saber-toothed cat (Machairdontinae) utilizando ramos de madeira e uma lança. © Mauricio Anton/SPL/LatinStock (p.44); Modelo de um grupo de neanderthal (Homo sapiens neanderthalensis), durante uma cerimônia fúnebre. © Volker Steger/Nordstar/SPL/LatinStock (p.46); Evolução do Homem © AKG-Images / Johann Brandstetter/LatinStock (p.47)